SUCEDIÓ EN EL PISUERGA

AUTORES:

MARIO RODRÍGUEZ PEÑA

ANDRÉS RODRÍGUEZ VALDIVIESO

Título: Sucedió en el Pisuerga

Autor: Mario Rodríguez Peña y Andrés Rodríguez Valdivieso

Edición: Independently published

Fecha de publicación: Junio de 2023

ISBN: 979-8-3968-0358-9

INDICE

Introducción

Es un libro documental basado en unos animales que viven en el río Pisuerga, a su paso por la ciudad de Valladolid. Cada página tiene una foto de los protagonistas para comprender mejor el transcurrir de esta historia, ya que "una imagen vale más que mil palabras". Se incluye también un mapa del hábitat natural de los protagonistas para ayudar a ubicar los acontecimientos que se narran. Esta lectura refleja cómo los actos de las personas influyen en el hábitat de los animales e incluso en su selección natural, haciéndonos tomar conciencia de nuestros actos y tener una mejor actitud hacia los animales.

CAPÍTULO I: NACIMIENTO DE PLUMA BLANCA

Nuestra historia comienza en el puente del Poniente. La estructura que soporta el puente sirve de refugio a un grupo de palomas bravías que lo utilizan para resguardarse del mal tiempo, pasar las noches y anidar en él.

Al lado del puente hay un palomar con la singularidad de que todas las palomas que lo habitan tienen su plumaje completamente blanco. Es regentado por personas que lo mantienen aseado y alimentan a las palomas.

A la llegada de la primavera sucedió algo poco frecuente. Un joven palomo blanco cortejó a una joven paloma bravía. Se pavoneó a su alrededor, hinchando su pecho y desplegando la cola.

Después del ritual, el palomo introdujo su pico en el de la paloma para alimentarla, y así demostrar que podía mantener a ella y su descendencia. La paloma lo aceptó como pareja y construyeron su nido con hierbas secas y ramas pequeñas debajo del puente, ya que en el palomar sólo podían anidar las palomas blancas. Transcurridos unos días después de la copulación, la paloma depositó en el nido dos hermosos huevos. Comenzó así el periodo de la incubación en el que la colaboración de la pareja es fundamental para que ninguno de los huevos se malogre.

La pareja se turnaba para incubarlos. Mientras uno mantenía caliente los huevos con su cuerpo, el otro se alimentaba y después sustituía a su pareja para proseguir con la incubación.

El palomo enseguida llenaba su buche con la comida que les proporcionaban en el palomar. Sin embargo, cuando era el turno de su pareja, la tocaba buscar su alimento caminando por la orilla del río. Comía hierbas, semillas de plantas, insectos y pequeños gusanos. También migas de pan pequeñas que las ocas no podían comer con su gran pico, cuando las personas las daban de comer. A los 18 días de la incubación nacieron dos pichones. Fueron alimentados por ambos progenitores cuando introducían el pico en el de sus padres, con una especie de papilla que producían sus buches denominada "leche de buche".

Según iban creciendo los pichones, la leche de buche se iba espesando, conteniendo algunos granos de semillas sin triturar, hasta que al final recibían una comida normal para que sus buches se acostumbraran ya a asimilarla por sí mismos.

Cuando los dos pichones cumplieron un mes, se hicieron adultos. Uno de ellos era macho, con plumas blancas en las alas y un círculo en la cabeza. Por ello la llamaremos Pluma Blanca. La otra era hembra y nació sin ninguna pluma blanca. Cuando se sintieron capaces de valerse por sí mismos, echaron a volar y abandonaron el nido. Así empezaron una vida totalmente independiente de sus padres en la que se hicieron inseparables.

CAPÍTULO II: LA OCA PLUMAS CAÍDAS

Al inicio de esta misma primavera, una de las ocas (que son gansos blancos) tenía las plumas primarias del extremo de su ala derecha dañadas, debido a una pelea con otra oca para defender su liderazgo. Por ello la llamaremos Plumas Caídas.

Las ocas forman grupos familiares según el origen de su nacimiento, al igual que las personas. Plumas Caídas pasó a formar parte del último nivel de autoridad en su grupo familiar y en el del resto de las ocas.

Las ocas rechazan a aquellas que sea diferentes, bien porque tengan algún defecto físico o un color diferente. En el hábitat de Plumas Caídas conviven varios grupos familiares de ocas entre los que existe una gran rivalidad por la posesión del territorio o de los mejores lugares de comida.

A Plumas Caídas la cortejó una oca macho y tras fecundarla, la abandonó porque no le gustaba el aspecto de sus plumas caídas. La tocó afrontar el proceso de incubación sin la ayuda del que la fecundó. Tuvo que compaginar dicha incubación con su propia alimentación de hierbas, semillas de plantas, insectos, pequeños gusanos y trozos de pan.

Al mes de la incubación sólo eclosionó un huevo. De él salió un lindo pollito hembra, que lo primero que vio fue a Plumas Caídas. Desde ese momento sabía que tenía que seguirla a todas partes.

La oquita imitaba todo lo que hacía Plumas Caídas lo que la mantendría protegida de los peligros de su hábitat. El primer día que nadó, lo hizo muy cerca de Plumas Caídas, para evitar que los animales que hay bajo el agua se la pudieran comer. Después imitó lo que ella hacía con su pico para aprender a comer alguitas y musgos de la orilla del río. Cuando la gente les echaba pan, la oquita comía las pequeñas migas que caían del pico de su madre.

Cuando la oquita podía caminar ya sin dificultad, su madre la llevó de paseo para que conociera todos los lugares de su hábitat, advirtiéndola de los peligros con los que se podía encontrar.

Si estaban en el paseo por donde caminaban las personas, siempre tenía que estar alerta, ya que algunas personas llevaban sueltos a perros peligrosos que podían hacerles daño. Si estaban en la otra orilla donde la vegetación hacía imposible que el ser humano caminara por ella, tenían que tener mucho cuidado con los gatos y otros animales que allí habitaban ya que también podían hacerles daño. Después de este paseo, la oquita siguió manteniéndose siempre junto a Plumas Caídas.

Plumas Caídas incluyó a su hija en su grupo familiar. Ahora serían uno más, pasando a tener nueve miembros.

Dentro del grupo familiar las más jóvenes tenían preferencia para comer y procuraban no ser molestadas por ocas de otros grupos. Aunque el grupo familiar protegía a la oquita, seguían rechazando a Plumas Caídas por su aspecto. Eso no debía de ser agradable para la oquita, ya que para una hija la madre es la más importante de todas las ocas. Bajo la protección del grupo familiar, la hija de Plumas Caídas fue creciendo y haciéndose más fuerte cada día. Podría llegar un día en el que se convirtiera en una oca importante dentro de su grupo familiar.

En el Pisuerga hay pescadores con caña que se dedican a la pesca sin muerte, es decir, que todo lo que pescan lo tienen que devolver con vida al río. Cuando pescan un pez grande, suelen documentarlo midiendo su longitud y anchura, sobre todo si han pescado un lucio o un siluro.

Hay pescadores que para atraer a los peces lanzan al agua, además del anzuelo con su correspondiente cebo, trozos de pan para que los peces se acerquen a comerlos y alguno muerda el cebo antes. Sin embargo, el pan también atrae a ocas y patos ya que es comida fácil de conseguir y no son conscientes de este peligro. Normalmente no pasa nada y si sucede algún percance, el pescador intenta solucionarlo de la mejor manera posible.

En una ocasión el pescador notó que la caña se doblaba mucho y creyó haber pescado un lucio o un siluro. Sin embargo, era una oca la que había picado en el anzuelo.

Tuvo que emplearse a fondo para conseguir arrastrarla hasta su sitio, ya que las ocas tienen una gran fuerza y no estaba colaborando. Cuando lo consiguió, intentó quitar el anzuelo de su pico pero ella se defendía con las patas y picándole. Al final no tuvo más remedio que cortar el sedal a la altura del anzuelo y soltarla. Se dice que "la oca tiene su nombre en la boca", pero ésta además tiene un anzuelo. Desde entonces comió con dolor por culpa del anzuelo. Con el paso del tiempo la herida del anzuelo empezó a supurar y, por suerte, el anzuelo se fue aflojando hasta desprenderse. Así es como volvió a comer sin dolor.

CAPÍTULO III: PLUMA BLANCA SE QUEDA SOLA

Cuando amanecía lo primero que Pluma Blanca y su hermana hacían era buscar comida para llenar el buche. Con el tiempo Pluma Blanca se iba haciendo más fuerte, pero su hermana cada vez estaba más débil ya que había enfermado.

Pluma Blanca sabía que su hermana era muy vulnerable y por eso estaba siempre a su lado. Buscaba lugares tranquilos donde hubiera comida, para poder comer a gusto sin ser molestadas por otras palomas.

Su hermana era marginada por las demás palomas por estar enferma, pero Pluma Blanca no permitía que la expulsaran de su lado cuando estaban comiendo juntas. Varias veces tuvo que enfrentarse a aquellas palomas para dejarlas claro de que, si se metían con ella, la defendería.

Pluma Blanca encontraba a su hermana cada día más débil y su vuelo se volvía cada vez más irregular. Un día al amanecer y prepararse para volar juntas, comprobó que su hermana permanecía inmóvil en el lugar donde habían dormido bajo el Puente. Se quedó un rato a su lado, intentando despertarla con su pico, pero se dio cuenta de que ya no volvería a despertarse nunca más.

Pluma Blanca se había quedado sola y desde entonces su vida sería diferente. Tendría que valerse por ella misma y mantenerse siempre alerta para evitar los peligros que se la presentaran mientras buscaba comida.

Un día mientras buscaba comida en la playa de las Moreras, un perro la acechaba con intención de cazarla. Su dueño se mostraba orgulloso del instinto cazador de su perro, a la vez que incumplía la normativa de cómo tendría que pasearlo. Pluma Blanca se le quedó mirando cautelosa, mientras el perro esperaba un pequeño descuido de la paloma para lanzarse sobre ella.

Finalmente, el perro se lanzó a cazarla, pero ella se libró alzando el vuelo a tiempo. Sin duda aquel perro estaba acostumbrado a la caza y quizá otro animal no habrá tenido la misma suerte que Pluma Blanca.

Pluma Blanca empezó a buscar compañía, ya que en un grupo hay más ojos vigilando y alertando de los peligros que se acerquen. Estuvo observando a aquellos animales de su entorno con los que podría aliarse. Primero lo intentó con las demás palomas, pero la rechazaron, quizá por haberse ganado la enemistad de muchas de ellas cuando defendía a su hermana de ellas.

Un día Pluma Blanca se puso a comer las migajas de pan que no podía comer Plumas Caídas con su gran pico. Observó que Plumas Caídas se encontraba también algo alejada de su grupo familiar y se dio cuenta de que podría ser buena compañía.

Desde entonces, cuando amanecía, buscaba la compañía de Plumas Caídas. No rivalizaban por la comida, ya que Pluma Blanca comía las sobras de Plumas Caídas. Así surgió una "amistad de conveniencia" entre ellas. Estaban juntas hasta que ambas llenaban sus buches y después cada una se iba por su lado. Pluma Blanca se cobijaba debajo del puente y Plumas Caídas seguía al grupo familiar para ir a un lugar donde poder descansar con cierta seguridad. Pero un día, la rutina que tenía Pluma Blanca cambiaría.

CAPÍTULO IV: PLUMA BLANCA Y EL SOLITARIO

Desde hacía varios días Pluma Blanca se encontraba todas las tardes con una persona de semblante triste sentada en un banco.

Se posó en el reposabrazos de su banco y se le quedó mirando. Parecía querer hacerle compañía y el solitario la miró con ternura. Estando con ella ya no se sentiría tan solo.

Desde entonces Pluma Blanca hacía compañía al Solitario todas las tardes durante sus paseos. El Solitario agradecía mucho la compañía de Pluma Blanca. Para él era como su mascota, pero con la ventaja de que estaba libre en su hábitat natural. A la llegada del verano y a través de Pluma Blanca, el Solitario conoció a Plumas Caídas y su hija, surgiendo entre ellos una relación muy especial de amistad.

El Solitario parecía disfrutar del tiempo que pasaba con ellas, olvidándose de las cosas que le apesadumbraran. Por eso todos los días iba a encontrarse con sus amigas del río Pisuerga. Un día el Solitario llevó un bolso negro con costuras rojas, el cual atrajo la atención de sus tres amigas. Sospechaban que podría contener las mismas cosas que las demás personas llevaban a la playa.

Como el Solitario no abría el bolso, la curiosidad de la hija de Plumas Caídas la empujó a tomar la iniciativa. Se acercó al bolso y tras mirarlo con mucho detenimiento, agarró con su pico la cremallera central para descorrerla, bajo la atenta mirada de su madre.

La hija de Plumas Caídas lo había visto hacer muchas veces a las personas que iban a la playa y esta vez ella lo llevaría a la práctica. Este hecho llamó la atención de las demás ocas que se acercaban para observarlo, ya que no sabían hacerlo. Como era la primera vez que descorría una cremallera, se tiró un buen rato hasta que consiguió abrir el bolso por completo.

Entonces introdujo su pico en el bolso y logró extraer una bolsa de plástico verde. Aunque la bolsa estaba cerrada, ella logró romperla con su pico para poder sacar su contenido: trozos de pan duro.

Las demás ocas parecían sorprendidas por aquella hazaña de la hija de Plumas Caídas y gracias a su atrevimiento todas ellas se dieron un festín de trozos de pan duro. Todo esto fue observado por el Solitario, que había llevado aquel bolso en agradecimiento por la compañía que le proporcionaban. Desde entonces, el Solitario llevaba una bolsa con pan duro un día a la semana y la hija de Plumas Caídas era la encargada de sacarla del bolso y abrirla con su pico.

Tras demostrar sus grandes cualidades, todas las ocas de su grupo familiar empezaron a respetar a la hija de Plumas Caídas. Finalmente la consideraron como su líder después de nadar a su alrededor en una especie de ceremonial de sumisión.

Plumas Caídas también fue respetada por las demás ocas ya que de lo contrario se enfrentarían a su hija. Ahora todo el grupo familiar seguía a la nueva líder. Ella sería la que tendría que tomar las decisiones y la primera que tendría que enfrentarse a las ocas de otros grupos familiares, cuando se disputaran la comida o los mejores lugares de descanso. En esta nueva etapa a la hija de Plumas Caídas la llamaremos la Líder.

A través de Plumas Caídas, Pluma Blanca se unió al grupo familiar, consiguiendo así una gran protección. Ya no tendría que preocuparse tanto de los peligros mientras convivía con ellas.

La Líder siempre procuraba conducir al grupo a los lugares donde era más fácil conseguir comida. Conocía aquellos lugares donde algunas personas daban el pan que se les quedaba duro. Pluma Blanca siempre seguía al grupo ya que garantizaba su seguridad y tener comida. Cuando Pluma Blanca llenaba su buche, alzaba su vuelo para conocer otros lugares de alrededor, mientras que Plumas Caídas se adormilaba junto a las demás ocas para descansar. Cuando caía el sol, todas las ocas cruzaban a la otra orilla para pasar la noche, donde no había personas que pudieran molestarlas.

Un día Pluma Blanca se emparejó con una paloma que también tenía plumas blancas en sus alas. A través de ella se integró en el pequeño grupo de palomas de su pareja, con las que compartía la comida sin peleas.

Todas se cobijaban debajo del puente donde nació Pluma Blanca. Dentro del grupo se sintió más segura para afrontar los posibles peligros que la pudieran acechar, ya que eran más palomas vigilando. Ahora, cuando las personas echaban trozos de pan a las ocas, todo el grupo de palomas de Pluma Blanca acudía para comer las pequeñas migas de pan que las ocas del grupo de la Líder no podían comerse con su gran pico.

Las ocas seguían a las personas que paseaban por la playa con alguna bolsa, porque para ellas las bolsas eran sinónimo de comida. De ellas era de donde las personas sacaban la comida que las daban. Sólo dejaban de seguirlas cuando se terminaba la arena de la playa.

Con el paso del tiempo, la Líder se fue haciendo más grande y fuerte físicamente, a la vez que adquiría más experiencia relacionándose con los demás grupos de ocas de su entorno. Empezaron a cortejarla muchos pretendientes para formar pareja, pero no llegaba el que la gustaba para tener descendencia. Sin embargo, un día la rutina diaria se vería alterada.

Una oca que lideraba otro grupo se acercó amenazante para desplazar al grupo de la Líder del lugar donde estaban descansando, provocando así un enfrentamiento.

La Líder no podía permitirlo y no tuvo más remedio que enfrentarse a ella. La pelea era para demostrar quién era la más fuerte y a la que las demás ocas debían respetar. Después de una dura pelea sin ningún tipo de reglas, la Líder salió victoriosa y consiguió que las demás ocas no se las ocurriera enfrentarse a ella en el futuro. La oca vencida se apartó del resto de ocas tras la humillación de haber perdido el combate.

A la oca vencida la quedó además una grave secuela para el resto de su vida. Perdió la visión de su ojo izquierdo debido a un picotazo recibido durante la pelea. Desde entonces la llamaremos la Tuerta.

Pasó a formar parte del último nivel de autoridad de su grupo familiar. Este problema limitó su vida cotidiana porque no podía ver lo que sucedía en su lado izquierdo. Tenía que girar su cabeza 180º para poder ver lo que pasaba en ese lado. Cuando la gente la tiraba comida, las ocas y los patos se aprovechaban colocándose en el lado que no veía para quitarla la comida. Siempre que nadaba cerca de la orilla del río, procuraba hacerlo por su lado derecho para poder ver mejor y controlar todo lo que pasaba. Cuando tenía que hacer un desplazamiento largo, prefería cambiar de margen del río, ya que era más tranquila y segura.

Los padres suelen jugar con sus hijos desde pequeños a ver quién lanza la piedra más lejos en el agua del río y los niños enseguida aprenden este juego.

La playa de Las Moreras tiene muchas piedras y algunos niños practican el lanzamiento de piedras, pero contra patos y ocas, lo que hace que se alejen de ellos para no recibir alguna pedrada. También hay personas asiduas a la playa que, para tomar el sol, extienden sobre la arena sus toallas y sujetan sus extremos con piedras de un tamaño considerable para que no se las lleve el viento. Una de esas personas se colocaba siempre muy cerca de la orilla del río. Como no la gustaba que se le acercaran las ocas, cuando se iba, solía lanzar las piedras que sujetaban su toalla contra las que tenía más cerca. Uno de esos días llegó a alcanzar a una

CAPÍTULO V: LA LÍDER TIENE DESCENDENCIA

Al comenzar la primavera, la Líder fue nuevamente cortejada por una oca macho con el rito para ver si le aceptaba como pareja. El primer acto consistió en nadar las dos en paralelo y luego el macho introducir la cabeza en el agua varias veces para ver si la Líder le correspondía. Esta vez la Líder también metió la cabeza varias veces en sincronía con el macho, mostrando su aceptación.

El segundo acto consistió en que el macho la rodeaba el cuello con el suyo nadando en círculo, pidiendo así permiso para subirse encima de ella y realizar la copulación. La Líder le dio permiso manteniéndose quieta para ser fecundada por él.

El tercer acto consistía en que el macho se subía encima de la Líder, sujetándose con su pico de las plumas de la cabeza de la Líder para no caerse durante la copulación.

Al acabar, ambas ocas aletearon para mostrar que la fecundación se había realizado con éxito. En primavera, a algunas aves las faltan plumas en la cabeza y eso quiere decir que son hembras que han copulado. La Líder iba a ser madre pero, a diferencia de su madre, ella contaría con la colaboración de su pareja durante todo el proceso y así poder sacar mejor a su descendencia.

Cuando llegó la puesta de huevos, la Líder eligió una caseta que estaba en la orilla opuesta a la del paseo de las personas para tener tranquilidad y seguridad en la incubación.

Mientras la Líder incubaba sus cinco huevos, su pareja se iba a comer. Cuando terminaba, regresaba para relevarla en el cuidado de los huevos y así la Líder podía irse a comer. Transcurrido un mes de incubación, los cascarones de los huevos empezaron a romperse bajo la atenta mirada de la Líder y su pareja que estaban observándolo desde la puerta de la caseta. Algunas ocas curiosas se acercaron también a la caseta para verlo. Sin embargo, a las primeras ocas que veían las oquitas que salían del cascarón eran a la Líder y su pareja. Desde ese momento las seguirían a todas partes, ya que su supervivencia dependía de ellas.

Un día después de su nacimiento, las cinco oquitas siguieron a sus padres nadando hacia la orilla opuesta, que era donde había más variedad de comida. La madre se encargaba de mantenerlas a su lado y de enseñarlas lo que su madre la trasmitió y lo que aprendió con su propia experiencia.

La madre picoteó unas hierbas y las oquitas muy obedientes la imitaron. Las oquitas imitarían todo lo que hiciera su madre. El padre se encargaba de la vigilancia y de protegerlas de cualquier peligro que las acechara. El mayor peligro que tenía esta orilla era la irresponsabilidad de algunas personas que durante el paseo llevaran sueltos a sus perros y alguno de ellos incluso disfrutaba del instinto cazador de sus perros. Al anochecer regresaron a la otra orilla donde dormirían muy juntitas y junto a sus padres, para evitar que los gatos que había allí se las pudieran comer.

Cuando se despertaban al amanecer, lo primero que las oquitas hacían era seguir a sus padres a la otra orilla para buscar la comida y llenarse el buche. Había buenas personas que cuando veían a las oquitas las daban trozos de pan que, al reblandecerse con el agua, podían comerlos.

Comían durante la mitad del día hasta llenar sus buches. Después se dedicaban a su aseo individual, desparasitándose con su propio pico y sumergiéndose en la orilla. Tenían prohibido sumergirse en aguas más profundas porque había lucios y algún siluro que se las podían comer de un bocado. Cuando terminaban, se juntaban y descansaban bajo la protección de sus padres. Cuando caía el sol, regresaban de nuevo a la otra orilla para pasar la noche junto a sus padres.

Las oquitas iban creciendo con el paso de los días. Cuando amanecía, cruzaban el río con sus progenitores a las playitas del Colector. Son tres playitas pequeñas que están en la desembocadura del antiguo colector de la ciudad y que originalmente era el río Esgueva soterrado. En la actualidad no está en uso porque las aguas residuales de la ciudad son canalizadas a la depuradora.

Este lugar es el más frecuentado por las ocas durante el otoño, el invierno y la primavera, ya que es el más protegido de las inclemencias del tiempo. Por encima de este colector se encuentra el paseo de la ribera, desde donde la gente puede observar a las ocas y a veces tirarlas algo de comida. Cuando empieza el verano, se desplazan a la playa de las Moreras, donde van a encontrar más personas que las den comida.

Una familia paseaba con sus hijos por la ribera del Pisuerga y vieron a tres oquitas con su madre. Se acercaron a ellas, pero la madre puso cara de pocos amigos. A los hijos se les antojó llevarse a casa una oquita como mascota. Los padres sabían que si lo intentaban en ese momento, se tendrían que enfrentar a la madre, la cual daría su vida por defender a sus crías, así que decidieron dejarlo.

Sin embargo, a los pocos días esta familia volvió con trozos de pan para darlas de comer y los tiraron muy cerca de la orilla del río. Cuando estaban entretenidas comiendo, el padre de los niños cogió rápidamente una de las oquitas y se fueron corriendo sin que la madre de las oquitas pudiera impedirlo. Si esa madre hubiera tenido la ayuda de su pareja, les habría sido más difícil robarla. Hubiera sido una oca adulta más y además macho, los cuales están más involucrados en la protección de sus crías.

Las aves a veces se encuentran con peligros que no pueden detectar como hilos, cordones, pelos largos, etc. A una oca se le enredaron sus patas con un sedal que había en el agua mientras nadaba en el río.

Al salir del agua, la oca intentó desatarse pero, al tirar de aquel sedal con su pico, se hacía daño en sus patas y acabó desistiendo. Este incidente limitó su movilidad al andar y nadar mientras el sedal se enrollaba cada vez más entre sus patas. Por ello la llamaremos la Trabada. Cada día que pasaba, su movilidad se iba reduciendo. También corría el peligro de que el sedal se enganchara en alguna rama, piedra o saliente y quedara atrapada. Es un problema que también pueden tener las aves de las ciudades ya que en el suelo suelen encontrarse estas pequeñas trampas invisibles que pueden dejarlas trabadas.

El Solitario estaba con sus amigas en la playa y vio llegar a la Trabada, percatándose del grave problema que tenía.

Decidió hacer algo para quitarla el sedal que la trababa porque suponía un riesgo para su vida. Volvió al día siguiente con unas tijeras y trozos de pan. La dio de comer hasta que llenó su buche y se quedó dormida. Entonces se acercó a ella, la sujetó contra el suelo y con las tijeras logró librarla de aquel sedal. Cuando soltó la oca, esta se alejó de él porque creyó que la quería atrapar y es algo que no quiere ningún animal que vive en libertad. Pero cuando comprobó que ya podía moverse con total libertad, dejó de ser la Trabada y comenzó a confiar en el Solitario.

En verano los grupos familiares de ocas pasaban la mayor parte del día en la playa de las Moreras. Algunas de las personas que iban a la playa llevaban comida para pasar el día y daban las sobras a las ocas.

Cuando ya habían comido lo suficiente, hacían su aseo personal y descansaban en la orilla del río. En cada grupo familiar las ocas se turnaban para que siempre hubiera una vigilando por si se acercaba algún peligro. Y siempre había alguna persona que llevaba su perro suelto porque disfrutaba viendo a las ocas lanzarse al agua para ponerse a salvo de su perro. Algún dueño incluso lo grababa en vídeo para tenerlo de recuerdo o enviarlo a sus amigos para mostrar el instinto de caza de su perro.

Cuando atardecía y la sombra se adueñaba de la playa, las ocas abandonaban la playa para buscar la seguridad de la otra orilla.

Durante este desplazamiento no había ningún enfrentamiento entre los distintos grupos familiares y todas seguían a la Líder. En la otra orilla cada grupo familiar tenía una zona concreta para pasar la noche, donde podían descansar sin temer ningún peligro. Las oquitas se juntaban entre ellas, formando un montón de plumas con cabecitas, que estaban custodiadas por sus progenitores. Las oquitas iban creciendo cada día de verano que pasaba hasta que alcanzaron el mismo tamaño de las ocas adultas. Llegó un momento en que ya no se podía distinguir las ocas jóvenes de las adultas.

CAPÍTULO VI: LA LÍDER SUFRE UN PERCANCE

Cuando llega el otoño, las ocas comienzan a ir menos a la playa de las Moreras y a frecuentar más las tres playitas del Colector.

Las ocas prefieren estas playitas porque resultan más acogedoras contra las inclemencias del tiempo y pueden conseguir comida más fácil. Pero tienen el inconveniente de que detectan con más dificultad los peligros que puedan venir desde el paseo de la ribera debido a los pequeños desniveles de su orografía.

Un día las ocas estaban descansando después de realizar su rutina diaria. De pronto un perrito se les acercó demasiado y la Líder y su pareja le intentaron alejar aumentando la envergadura de sus cuerpos y lanzando fuertes graznidos.

Hacían esto para proteger a las demás ocas que estaban descansando con ellas. Por suerte este perrito iba con su correa y el dueño tiró de ella para evitar la pelea. Ese día todo quedó en un pequeño susto por ambas partes. Cuando las personas cumplen con sus obligaciones con respecto a los animales, evitan alterar su selección natural.

Pero a veces los perros van sueltos por el paseo de la ribera. Normalmente las ocas suelen detectarlos antes de que lancen su ataque contra ellas.

Pero una vez llegaron a la carrera dos perros grandes que sorprendieron al grupo de la Líder. La Líder y su pareja no tuvieron más remedio que enfrentarse a ellos soltando fuertes graznidos. Sin embargo, en esta ocasión los dos perros tenían instinto asesino. Uno de los perros mordió a la Líder en su pata derecha y el otro mordió a su pareja en su ala izquierda. Mientras intentaban zafarse de ellos, llegó el dueño de los perros que les hizo soltar a sus presas. Pero su ayuda llegó un poco tarde ya que uno de ellos se había quedado con un trozo de pata de la Líder. Aquel fatídico día cambiaría por completo la vida de estas dos ocas, ya que las lesiones que recibieron afectarían gravemente sus destrezas.

Cuando los perros se fueron, la Líder se quedó mirando con resignación que faltaba una parte de su pata derecha. Ahora tendría que enfrentarse a nuevos retos para subsistir.

Su cojera era muy pronunciada y desde ahora dejaremos de llamarla la Líder para llamarla la Cojita. Tenía dificultades para nadar ya que con sólo una planta de sus patas no podía ejercer la misma fuerza para impulsarse. Estaba obligada a descansar siempre sobre la misma pata sin poder relevarla, por lo que pasaba más tiempo tumbada. Para levantarse tenía que apoyar su pico en el suelo y con el cuello tomar el impulso necesario. Aunque su forma de vida había cambiado, ella lo afrontaba con resignación como hizo su madre.

Sólo permaneció a su lado su pareja, con la que había compartido su vida y defendido a las demás ocas sin importar su aspecto.

Tras aquel percance, la pareja de la ahora Cojita comprobó con tristeza que su a la izquierda estaba rota. Su vida también iba a cambiar mucho porque había cosas que ya no podría hacer. Ya no podría volar y sus desplazamientos se verían dificultados. Cuando andaba, iba arrastrando el ala y se la pisaba, tropezándose de igual manera que alguien que lleva desatados los cordones de sus zapatos. Cuando nadaba, no podía recoger su ala rota y su pata se enganchaba con ella, desviando su dirección. Desde ahora la llamaremos Ala Rota.

La Cojita y Ala Rota pasaron a formar parte del último nivel de autoridad entre las ocas. Todo debido a que una persona no cumplió con la norma de pasear sus perros con correa, interfiriendo así con la selección natural. El único consuelo que las quedaba era que permanecían juntas.

Pasaron de elegir y poder defender los mejores lugares para estar y comer, a tener que conformarse con lo que las demás ocas las dejaban. Con el tiempo la Cojita fue acostumbrándose a sus nuevas limitaciones, perfeccionando los movimientos para desplazarse con mayor rapidez e incluso consiguió echar a volar. Pero Ala Rota parecía no estar conforme con los inconvenientes que suponía arrastrar su ala para andar y nadar.

Un día, Ala Rota empezó a quitarse una a una las plumas que arrastraban por el suelo y dificultaban su desplazamiento.

Aunque la dolía, logró quitarse todas ellas, consiguiendo desplazarse sin tropiezos y nadar sin dificultad. Aunque sentiría más frio con la llegada del invierno en esa parte del ala por no tener plumas, prefirió no tener problemas para desplazarse. La Cojita y Ala Rota tendrían que afrontar su primer invierno con limitaciones físicas. Es el tramo del año en el que es más difícil llenar el buche, porque la comida escasea y las personas que las daban comida frecuentan menos el paseo de la ribera.

Este invierno llegó con mucho frío, nieblas y nevadas. Eso dificultaba mucho que el gran número de ocas que vivían con la Cojita pudieran llenar el buche. Los animales más fuertes eran los que conseguían alimentarse mejor, mientras que los débiles o con minusvalías eran los que peor lo pasaban. Era un invierno tan malo que ni los lobos lo podían soportar.

Las ocas, patos y palomas recorrían la orilla de río en busca de lugares donde encontrar algo de comida que llevarse al pico. Normalmente solían emplear la mañana para llenar el buche, pero ahora sólo podían comer trocitos de palos y hojas secas. Viendo la delgadez que tenían las aves, el Solitario decidió hacer algo para mitigar el hambre que estaban pasando sus amigas.

El Solitario comenzó a recorrer todos los días las panaderías para recoger el pan duro que no se vendía y llevárselo a las aves del río para que no pasaran hambre durante aquel invierno.

La idea dio muy buen resultado e incluso tuvo que amontonar el pan en un rincón del paseo como provisión para el resto del invierno. Las ocas ya no tenían que pelearse por un trozo de pan. Pluma Blanca y las ocas más débiles como la Cojita y Ala Rota también podían disponer de comida suficiente. Sus vidas ya no peligrarían por la desnutrición, pero aún seguían sufriendo el rechazo de las demás ocas por sus minusvalías físicas y siempre estaban apartadas del resto del grupo.

Con la llegada de la primavera, las provisiones del invierno se agotaron y los animales de la ribera del Pisuerga tuvieron que volver a buscarse la comida por su cuenta.

Pero esta primavera comenzó siendo muy diferente a la anterior para la Cojita y Ala Rota, ya que era la primera en la que sufrían el rechazo de las demás ocas. Por eso empezaron a buscar algún lugar donde vivir tranquilamente, sin sufrir continuamente el rechazo de sus semejantes ni personas que las intentaran coger a la carrera porque no podía volar.

CAPÍTULO VII: EN BUSCA DE UN LUGAR MEJOR

Una mañana la Cojita y Ala Rota partieron río abajo en busca de un lugar donde poder vivir sin tener que estar siempre alerta de posibles peligros.

La primera parada fue la Playita del Milenio donde habita un grupo de ocas. La pareja fue recibida con indiferencia y, dadas las circunstancias, era lo mejor que las podía pasar. Se quedaron allí un tiempo para comprobar si podían vivir sin el acoso al que estaban sometidas en el otro lugar.

Allí se encontraron con una pareja de ocas que también se tuvo que ir porque las hicieron la vida imposible.

Ella era una oca blanca con ojos azules que se había emparejado con una oca macho de plumaje grisáceo y ojos oscuros, a la que llamaremos la Gris. Tuvieron que irse de la playa de las Moreras y de las playitas del Colector porque las demás ocas blancas hicieron la vida imposible a la Gris por el color de su plumaje. La Gris recibía numerosos picotazos de muchas ocas por todo su cuerpo. Un día se fue con su pareja río abajo para acabar quedándose a vivir en la playita del Milenio. En esta playita todas las ocas se respetaban y no había ninguna pelea entre ellas. El inconveniente de esta playita era tener un paseo por donde las personas paseaban con sus perros, por lo que tenían que estar siempre en alerta por si se acercaba alguno suelto.

Allí habían criado dos mamás patas y cada una tenía un gran número de crías. Sin embargo, cada patito era capaz de reconocer perfectamente a su madre y permanecía siempre junto a ella y sus hermanitos.

La primera lección de la madre era meterlos en el agua y por imitación hacerles beber el agua del río. Después les hacía picotear el musgo y las hierbitas. Cuando crecían les enseñaba a cazar algún pececito. Las mamás patas no contaban con la ayuda del padre, ya que los patos macho sólo buscaban copular para perpetuar su genética y después se desentendían. Estas dos madres permanecían juntas para ayudarse en la protección de sus crías. Permanecían junto a la orilla del río porque podían lanzarse al agua para escapar nadando si aparecía algún peligro, ya que los patitos no podían volar todavía.

En las inmediaciones de la playita del Milenio habitaban varios gatos. Las madres patas tenían que tener mucho cuidado de que ninguna cría se separara de ellas, para evitar que alguna fuera devorada por algún gato hambriento.

Todos los días una persona se acercaba hasta el paseo de aquel lugar con comida para gatos en su carro de la compra y se la proporcionaba en lugares concretos a lo largo del paseo. Por ello la llamaremos la Gatera. Y cuando los gatos tenían la tripa llena, los patitos no corrían peligro. Sin embargo, siempre había algún gato que no había comido lo suficiente y podía atacar a alguna cría despistada. Esta zona no era lo suficientemente tranquila para la Cojita y Ala Rota porque había un paseo frecuentado por personas, así que siguieron buscando río abajo.

Llegaron a la altura del Museo de la Ciencia donde se encontraba la isla de El Palero y sus dos islotes en mitad del río. La Cojita y Ala Rota quisieron explorarlas para comprobar si podían vivir allí sin los peligros de los que huían.

Inspeccionaron la isla y sus islotes para buscar cuál era la más acogedora para vivir tranquilamente. Las pareció que la isla de El Palero era el lugar idóneo. Era la más grande y tenía una pasarela peatonal, que cruzaba el río, bajo la cual podían cobijarse de las inclemencias atmosféricas.

Aquella isla tenía también comida suficiente para las dos sin tener que ir a buscarla en la ribera del río.

También había personas que las tiraban trozos de pan desde la pasarela. Sin embargo, tras unos días de completa tranquilidad, unos adolescentes que la cruzaban todos los días se percataron de la presencia de la Cojita y Ala Rota. Al día siguiente se proveyeron de piedras y, al pasar por la pasarela, las lanzaron contra las ocas. Ellas se cobijaron debajo de la pasarela para evitar ser apedreadas. Desde entonces, todos los días se repetía lo mismo. Aquella isla que habían elegido para vivir acabó siendo muy peligrosa y la abandonaron, desplazándose al islote que estaba más alejado de la pasarela.

Era un islote que estaba aguas arriba de El Palero y lo suficientemente alejado para que las piedras de las malas personas no pudieran alcanzarlas. En ella había comida suficiente para vivir y robustos árboles para protegerse de las inclemencias del tiempo.

En aquel islote se encontraban más a gusto, sin el rechazo de otras ocas ni malas personas que quisieran hacerlas daño. Al amanecer buscaban hierbas, insectos, pequeños gusanos, plantas acuáticas, granos y semillas de plantas terrestres para llenar el buche. Cuando lo llenaban, se desparasitaban y después descansaban. Al atardecer nadaban alrededor del islote. Y al anochecer se recogían para dormir, sin que ningún animal o ruido las molestara. Habían encontrado el lugar ideal para vivir. Desde entonces lo llamaremos el Islote de la Cojita.

En el centro de la ciudad de Valladolid se encuentra el Campo Grande, donde viven muchas aves. En su interior hay un estanque donde habitaba una pareja de cisnes. Uno de ellos murió y su compañero se quedó sólo para siempre, ya que los cisnes sólo se emparejan una vez en la vida.

Al estanque llegó una nueva pareja de cisnes jóvenes. Desde el primer día comenzaron a perseguir al Cisne Solitario para echarle del estanque. La nueva pareja de cisnes consideraron que el estanque era su nuevo hábitat y no querían compartirlo con nadie de su especie. El Cisne Solitario no podía enfrentarse porque eran dos contra uno, así que le tocaba huir siempre de ellos para no ser picoteado. Un día levantó el vuelo en busca de un nuevo lugar donde vivir sin ser perseguido ni acosado.

Sobrevoló el río Pisuerga y cuando vio el Islote de la Cojita, se posó en él para comprobar si le gustaba y reunía las condiciones que necesitaba para quedarse.

Al principio La Cojita y Ala Rota se asustaron al ver posarse al Cisne Solitario en su islote. Pero el Cisne Solitario sólo quería vivir tranquilo. Comenzó alimentándose de hierbas, insectos, gusanos, pequeños anfibios, granos y semillas de plantas terrestres, también plantas acuáticas que conseguía alcanzar con su largo cuello cuando hundía su cabeza dentro del agua. Como aquel islote tenía todo lo que necesitaba, se quedó a vivir allí.

Allí fue surgiendo una amistad entre sus tres inquilinos. La Cojita se sentía segura bajo la protección del Cisne Solitario y se hicieron inseparables en sus andaduras por su islote.

La Cojita había pasado de ser la Líder respetada por todas las de su especie, a ser la Cojita que sufrió su rechazo. El Cine Solitario también había pasado de ser admirado por todos los visitantes del estanque del Campo Grande, a ser rechazado por la nueva pareja de cisnes que se había instalado allí. Nunca se quedaron impasibles ante aquellas adversidades y buscaron la forma de vivir mejor. Acabaron encontrando el Islote de la Cojita donde pudieron vivir con tranquilidad y nuevos amigos. Sólo permitirían vivir en su islote a aquellas aves que no las maltrataran por creerse superiores. **FIN**

Anexo I: Mapa del río Pisuerga

MAPA DEL RÍO PISUERGA EN EL QUE TRANSCURRE LA HISTORIA

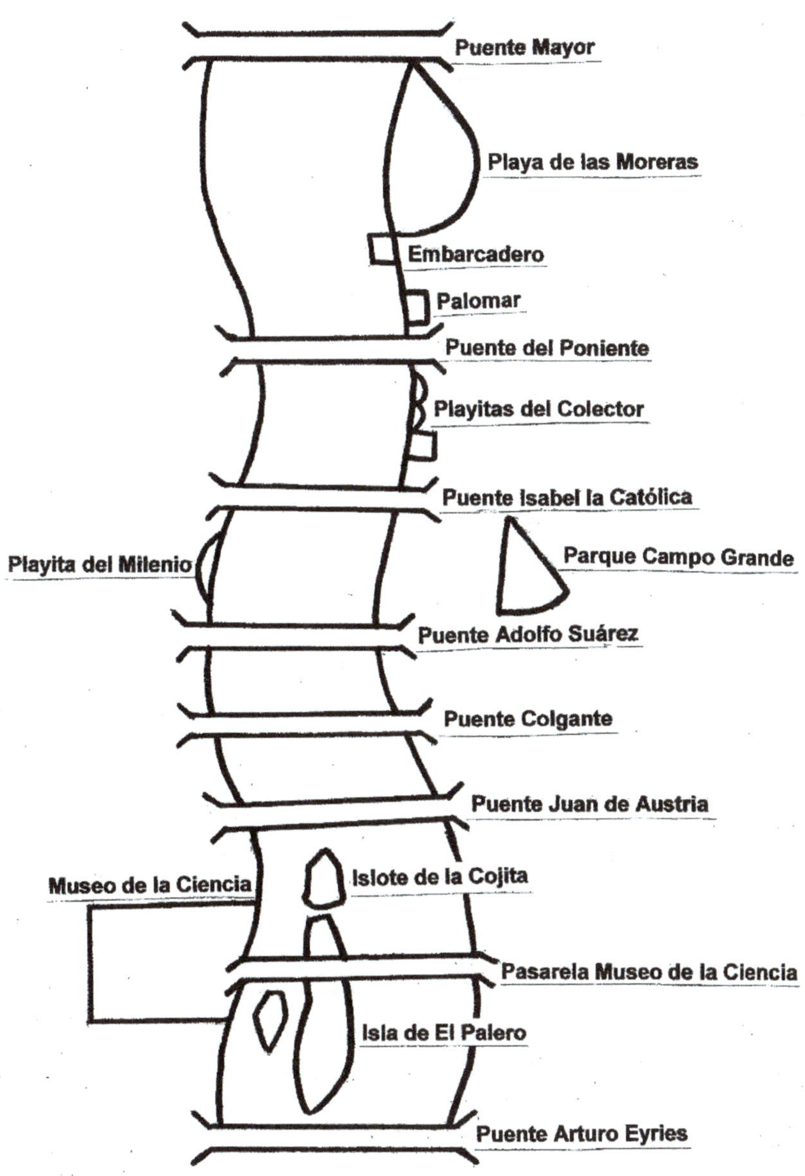

Anexo II: Artículos sobre la desaparición de aves en el río Pisuerga

Abril 2021: ¿Están desapareciendo las ocas y los patos del Pisuerga en Valladolid?:
https://www.elnortedecastilla.es/valladolid/despareciendo-ocas-patos-20210403125758-nt.html

Abril 2022: Un brote de gripe aviar deja 21 cadáveres de patos y ocas en Valladolid capital:
https://www.elnortedecastilla.es/valladolid/ayuntamiento-valladolid-insta-20220407123223-nt.html